AF310010

ÉLÉMENTS

DE

LECTURE

POUR

LES ÉCOLES PRIMAIRES,

PAR

CHAPELLIER,

INSTITUTEUR,

Ancien Élève de l'École normale des Vosges.

2e ÉDITION.

ÉPINAL,

CHEZ L'AUTEUR ET EN DÉPÔT CHEZ LES PRINCIPAUX LIBRAIRES DES VOSGES.

1855.

(PROPRIÉTÉ.)

ÉLÉMENTS DE LECTURE.

Cette nouvelle Méthode de lecture a été rédigée principalement en vue de l'éducation religieuse et morale des Élèves, du développement graduel de leur jugement et de leur intelligence.

Les n⁰ˢ 1, 2, 4, 6, 8 et 10 renferment les éléments de la lecture et leurs combinaisons, abordées successivement de la manière qui a paru devoir être à la fois la plus profitable et la moins fatigante pour amener l'enfant à la première connaissance qu'il doive acquérir.

Les n⁰ˢ 3, 5, 7, 9, 11 et 12 offrent d'abord le résumé des exercices précédents, puis des mots séparés (presque tous des noms d'objets que l'enfant connait déjà), précèdent la lecture courante qui, dans chaque tableau, se compose de phrases complètes. Des maximes choisies, tirées de l'Écriture-Sainte, ont fourni la matière des n⁰ˢ 13, 14, 15 et 16.

D'après la disposition adoptée dans ce travail, le premier tableau bien connu, l'Élève ne rencontre pour ainsi dire aucune difficulté pour arriver jusqu'au huitième. Le n° 10 est un résumé général des connaissances acquises et présente en outre des *sons semblables* et diverses combinaisons de consonnes. Les n⁰ˢ 11 et 12 renferment quelques remarques sur la lecture de certains mots et sur les lettres qui ne se prononcent pas.

Ainsi, les difficultés contenues dans ces *Éléments de Lecture* sont peu nombreuses ; mais rien d'essentiel n'y a été omis pour conduire à une bonne lecture du français. Les seules choses qui n'y soient pas appartiennent à ces connaissances en lecture qui ne s'acquièrent que par la pratique, et qui, présentées au jeune enfant, seraient un véritable chaos pour sa faible intelligence.

Épinal, le 15 juillet 1855.   CHAPELLIER.

Nota. Les tableaux destinés à recevoir les feuilles de cette Méthode sont, pour l'École mutuelle d'Épinal, des planchettes de sapin avec de simples bordures en hêtre, de 45 millimètres de largeur. Ces tableaux ont de 49 à 50 centimètres de hauteur, sur 36 de largeur. Des pitons, vissés sur le milieu de la bordure supérieure, servent à les suspendre aux tringles.

Épinal, imprim. d'A. Cabasse, 3, rue du Collége.

VOYELLES BRÈVES.

a e i o u y

Prononcez *i* ou *i grec*

VOYELLES LONGUES.

â ê î ô û

DIFFÉRENTES SORTES D'*é*.

e é è ê

Muet.   Fermé.   Ouvert.   Ouvert long.

CONSONNES.

c m n r s t v x z

que   me   ne   re   se   te   ve   xe   ze

b d f g h j k l p q

be   de   fe   gue   he   je   que   le   pe   que

EXERCICE.

a b c d e f g h i

j k l m n o p q r

s t u v x y z

Accent aigu (ʹ), accent grave (ʻ), accent circonflexe (ʌ).

PROCÉDÉS POUR L'EMPLOI DE CE TABLEAU.

Montrez et prononcez chacune des lettres de la même ligne, en les faisant répéter par les Élèves, l'un après l'autre, ou tous ensemble, jusqu'à ce qu'ils connaissent et distinguent ces lettres.

Ne passez aux consonnes que lorsque les voyelles seront bien connues.

L'exercice présentant les lettres dans une position relative différente de celle qu'elles occupent dans la leçon, servira à exercer les yeux et à faire reconnaître les lettres déjà vues.

Méthode de Lecture, par M. CHAPELLIER.— ÉPINAL, chez Mme veuve DURAND, et en dépôt chez les principaux Libraires des Vosges.

Épinal, imprim. d'A. Cabasse, 2, rue du Collége.

CONSONNES SUIVIES D'UNE VOYELLE.

a e i y o u é è ê

	a	e	i	y	o	u	é	è	ê
b	ba	bi	bo	bu	be	bé	by	bè	bê
d	do	du	di	de	dè	da	dê	dy	de
f	fi	fa	fu	fe	fè	fê	fo	fé	fi
h	hu	hè	ha	hé	hê	hi	hy	ho	he
j	jo	ju	ji	je	jé	ja	jè	jy	jê
k	ke	ké	kè	kê	ka	ko	ki	ky	ku
l	la	li	lu	le	lè	lé	lo	lè	ly
m	me	mé	mi	my	ma	me	mê	mu	mo
n	no	nè	nu	na	ni	né	ny	nè	ne
p	pi	pa	po	pe	pé	pê	py	pu	pè
r	ra	ro	ri	ru	re	rè	ry	rê	ré
s	sé	su	si	sy	sè	sê	sa	se	so
t	ta	ty	to	te	té	ti	tê	tu	tè
v	vu	vé	vy	vi	ve	vê	vo	vè	va
x	xa	xé	xo	xy	xu	xe	xi	xê	xè
z	zo	zu	zè	ze	zi	zy	zé	zê	za

	c	ca	cu	co	—	g	ga	go	gu
(*)	ç	ça	çu	ço	ce	cé	cè	ci	cy
(**)	j	ge	gé	gè	gê	gi	gy	»	»

ALPHABET DE MAJUSCULES.

A B C D E F G H I J K L M N O P Q

R S T U V X Y Z

(*) Lorsqu'il y a une cédille sous le *c* ou qu'il est suivi de *e i y*, prononcez *se*.— (**) Le *g*, suivi de *e i y*, se prononce *je*.

PROCÉDÉS POUR L'EMPLOI DE CE TABLEAU.

1° Prenez alternativement les Elèves, l'un après l'autre et tous ensemble; montrez, nommez et faites prononcer, d'abord lentement, les deux lettres qui forment chaque syllabe; ainsi, faites dire : *be-a, be-i, be-o, be-u*, etc.; puis, après avoir parcouru de la sorte tout le tableau, recommencez, en obligeant les Elèves à aller de plus en plus vite, pour la prononciation de ces deux lettres, jusqu'à arriver à les énoncer réunies, c'est-à-dire à élider l'*e* muet et à lire seuls et couramment les syllabes : *ba, bi, bo, bu*, etc.

2° Faites réciter de cette manière toutes les syllabes du tableau, de gauche à droite d'abord, puis de droite à gauche, de haut en bas, de bas en haut, et au hasard, sans ordre déterminé.

Méthode de Lecture, par M. CHAPELLIER.— Epinal, chez Mᵐᵉ veuve DURAND, et en dépôt chez les principaux Libraires des Vosges.

Epinal, Imprim. d'A. Cabasse, 2, rue du Collége.

EXERCICE.

a e i y o u é è ê

b c d f g h j k l m n p q r s t v x z

MOTS SÉPARÉS.

pa pa, mi di, lu ne, pa ge, ra ve, tê te, cu ve, ca ge,
zé ro, pa vé, ra me, fè ve, mè re, fê te, no ce, ca ve,
côté, ciré, épi, robe, ami, salade, étude, école, élève, farine,
(*) visage, ménage, légume, cerise, épine, modèle, cabane, vérité.

Remi, Numa, Réné, Émile, Isidore, Rose, Élise, Hélène.

LECTURE COURANTE.

Honore ta mère. Ta mère te bénira. Ma mère m'a élevé. Papa me fera lire. Papa a été malade. Papa se reposera. Je me lave le visage. Emile va à l'école. Numa sera poli. Réné obéira à sa mère. Emile sera docile. Maria sera dévote. Maria a de la piété. Numa dira la vérité. Remi a été sage. Emile lira une page. Numa imite le modèle. L'élève têtu sera puni. Le sage Remi évite la colère. Réné s'amuse à l'école. Réné dînera ici. Elise lira vite. Papa a vêtu Jérôme. Rose sera ménagère. Numa ira à la salade. Rose fera la salade. Papa m'a mené à l'école. Ma mère file. Noémi sera économe. Remi m'a salué. Basile pose du pavé. Le pavé sera posé. Basile se hâte. Isidore fera une rigole. Remi va à la loge. Réné a vu la lune. Numa a lu sa page. Hélène mérite une image.

(*) La lettre *s* entre deux voyelles se prononce *ze*.

PROCÉDÉS POUR L'EMPLOI DE CE TABLEAU.

1° Montrez et faites prononcer bien distinctement chaque syllabe d'un même mot, en vous assurant toujours que l'Élève comprend bien l'assemblage des deux lettres qui composent cette syllabe.

2° Faites lire alternativement tous les Élèves, chacun à son tour et tous ensemble : ce dernier exercice captive l'attention des Élèves, permet aux forts et aux faibles d'essayer leur force, leur donne à tous de la hardiesse, et les fait profiter sensiblement des connaissances déjà acquises par leurs condisciples.

3° Arrivé à la lecture courante, faites lire une phrase par chaque Élève, en l'obligeant à observer un léger repos entre chacune des syllabes d'un même mot, repos moins sensible cependant qu'entre des syllabes de mots différents qui se suivent. Ce léger repos entre les syllabes d'un même mot doit être exigé jusqu'à ce que les Élèves soient en état de bien lire ; la lecture sera d'abord un peu lente, mais l'Élève y gagnera une prononciation qui n'aura rien de hasardée, et qui, forçant à plus d'attention sur la composition des syllabes, donnera une avance importante pour l'orthographe.

4° Faites répéter plusieurs fois de suite les mots, les syllabes ou les sons sur la prononciation desquels l'Élève montrerait quelque hésitation, et recourez, s'il est nécessaire, à l'exercice qui concerne la difficulté ; mais ne dites vous-même ces mots, ces syllabes ou ces sons que lorsque l'Élève ou les Élèves ne pourront réellement se les rappeler.

5° Au besoin, faites encore dire séparément les consonnes ou les voyelles de quelques lignes, afin d'accoutumer les Élèves à bien distinguer les articulations et les sons.

6° Entretenez-vous avec les Élèves sur la signification des mots détachés et des phrases. Cet entretien excitera leur curiosité, développera leur jugement, leur intelligence et leur mémoire ; il servira souvent aussi à leur éducation religieuse et morale.

Méthode de Lecture, par CHAPELLIER. — Épinal, chez Mᵐᵉ veuve DURAND, et en dépôt chez les principaux Libraires des Vosges.

Épinal, imprim. d'A. Cabasse, 2, rue du Collége.

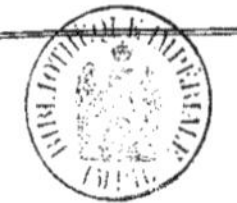

VOYELLES SUIVIES D'UNE CONSONNE.

b c d f g j l p q r s t v x z

a	ab	ac	af	aj	al	as	at	ad	ar	ap	ag
(*)è	el	eb	ed	es	ev	ec	ef	ep	eg	er	ex
i	il	ic	id	ir	ib	if	ig	ix	it	is	ip
o	ob	oz	op	ot	or	ox	ol	os	oq	of	oc
u	ur	ut	uz	uv	ul	ub	ud	us	up	uc	uf

et est ah oh eh

(1) è   è   à   ô   è

COMBINAISONS.

bac	bol	bec	bus	bal	bil	bos	but	bes	bel
ac	ol	ec	us	al	il	(**)os	ut	es	el
col	cos	cas	cul	car	coq	(**)cir	cer	cel	cir
del	dol	dal	des	dur	dac	dor	dic	dil	duc
fac	fol	fil	for	fec	fel	fur	fir	fes	fas
gal	gas	gus	gol	gar	gor	(***)ges	gir	gil	gel
jil	jis	jac	jus	jol	jar	jel	jas	jor	jec
l'oc	l'ad	l'ib	luc	lac	lir	lar	lis	l'al	l'ex
mal	mol	mul	mis	mas	mil	mes	mir	mer	mur
nil	nul	net	nef	nif	nal	ner	nès	nir	nac
pac	pil	par	pir	pas	pur	pic	pec	pes	pal
ras	roc	ruc	ric	res	rol	rac	rul	ral	rec
soc	suc	s'il	sor	sec	ser	sol	sel	sac	sur
tic	tac	tor	tel	tas	tal	til	ter	tuf	tar
ver	val	vic	vif	vas	vec	ves	zig	zur	zag
mur	sec	col	vil	lac	bec	vol	fil	sac	car
pic	mal	sur	roc	ver	mol	bel	dur	luc	nul

(*) *e* se prononce *è* devant la plupart des consonnes qui finissent la syllabe.

(**) Prononcez *sir*.

(***) Prononcez *jes*.

(1) Ces lettres indiquent comment doivent se prononcer les combinaisons correspondantes.

PROCÉDÉS POUR L'EMPLOI DE CE TABLEAU.

1° Montrez et faites prononcer aux Élèves, d'abord lentement, les deux lettres de chacune des combinaisons de la première partie du tableau : *a-b, a-c, a-f*; et après avoir ainsi parcouru cet exercice dans tous les sens, faites-le recommencer, en obligeant les Élèves à aller de plus en plus vite, jusqu'à ce que vous obteniez l'énonciation comme elle a lieu dans la lecture courante.

2° On peut faire apprendre les combinaisons de trois lettres, soit en faisant prononcer d'abord lentement, puis de plus en plus vite, les trois lettres : *b-a-c, b-a-l*, soit en les considérant comme composées d'une syllabe de deux lettres suivies d'une consonne : *ba-c, ba-l*, ou, enfin, en faisant frapper la première consonne sur la combinaison de deux lettres qui suit : *b-ac, b-al, b-ec*.

Employez le second procédé du n° 2.

Méthode de Lecture, par CHAPELLIER. — ÉPINAL, chez Mme veuve DURAND, et en dépôt chez les principaux Libraires des Vosges.

Épinal, imprim. d'A. CABASSE, 2, rue du Collége.

EXERCICE.

ac ad ar ec el er or us il uc ol es

MOTS SÉPARÉS.

sac, sel, mur, mal, fer, bec, coq, fil, dur, soc, acte, vertu, pal me, lar me, mar di, mer le, or ge, col za, fer me, ger be, herse, garde, borne, herbe, corde, canal, porte, local, canif, poste, calcul, total, reste, carte, buste, liste, veste, récolte, écorce, tartine, marmite, horloge, culbute, lecture, luzerne, col.

Félix, Victor, Gustave, Octave, Casimir, Ursule, Ernestine.

LECTURE COURANTE.

Je respecte ma mère. Victor est modeste. Félix a lavé sa figure. Céleste sera active. C'est mardi la fête de ma mère. Victor me regarde lire. Félix est sorti de l'école. Victor m'a vu sur la porte. Je me dispose à sortir. Vital étamera une marmite. Casimir a sali sa veste. Rose lavera la veste de Casimir. Victor fera du calcul. Victor est actif et docile. L'élève docile est estimé. Papa va à la ferme. La ferme de papa est sur la côte. Papa a porté une gerbe d'orge. Le garde sera sévère. Je déteste la vanité. L'ami de papa est ici. La mère de Casimir est morte. Casimir est désolé. Octave a vidé une rigole. Ce canal est large. Ce sol a été cultivé. Octave sèmera de la luzerne. La luzerne sera verte. Vital fera une herse. Le colza est déjà mûr. Ursule fanera mardi. Gustave est habile. Victor pèse de la farine. Ursule s'est tiré une épine. Nestor ferme la porte. Numa sera caporal. Jérôme a lié de la salade. Hector bâtira une remise. Justine a vu une cerise mûre. Ernestine a étudié sur sa carte. L'élève inactif sera puni. Numa est porté sur la liste. Je termine ma lecture. Victor a fini de lire.

PROCÉDÉS POUR L'EMPLOI DE CE TABLEAU.

1º Montrez et faites prononcer bien distinctement chaque syllabe d'un même mot, en vous assurant toujours que l'Elève comprend bien l'assemblage des lettres qui composent cette syllabe. (Employez aussi les procédés nᵒˢ 2, 3, 4 et 6 du 3ᵉ tableau.)

Continuez à faire lire à un même Elève, non pas seulement un mot, mais au moins une ligne ou une phrase, avant de passer à l'Elève suivant.

Remarque. Lorsqu'un mot qui commence par une voyelle est précédé d'un autre mot finissant par une consonne suivie d'un *e* muet, dans le cas où le sens n'admet aucune pause entre ces deux mots, on n'énonce pas la dernière syllabe du premier mot; mais alors, on prononce la première syllabe du second, comme si elle commençait réellement par la dernière consonne de l'autre.

Méthode de Lecture, par CHAPELLIER. — Épinal, chez Mᵐᵉ veuve DURAND, et en dépôt chez les principaux Libraires des Vosges.

Épinal, imprim. d'A. Cabasse, 9, rue du Collège.

CONSONNES DOUBLES.

bb	**cc**	**ff**	**gg**	**ll**	**mm**	**nn**	**pp**	**rr**	**ss**	**w**
be	que	fe	gue	le	me	ne	pe	re	se	ve

bl	**br**	**cl**	**cr**	**dr**	**fl**	**fr**	**gl**	**gr**	**pl**
ble	bre	cle	cre	dre	fle	fre	gle	gre	ple

pr	**ps**	**tr**	**tl**	**vr**	**sc**	**sl**	**sp**	**st**	**mn**
pre	pse	tre	tle	vre	sque	sle	spe	ste	mne

ch	**ph**	**gn**	**gu**	**ill**	**qu**
vache	épitaphe	Espagne	figue	(1) feuille	que

COMBINAISONS.

a e i y o u é è ê

b c d f g h j l m n p q r s t v x z

bl	ble	bla	bre	bli	bri	bru	bra	blu	bré
cr	cra	cru	cle	cré	cro	clu	clo	cre	cri
dr	dra	dre	dro	dru	dré	fla	fle	fro	fri
fl	fli	fre	fra	gra	gru	gle	gro	glo	gri
pl	plu	psa	pri	pla	ple	psy	pré	pra	pro
sc	scu	sca	sco	spa	spi	sté	sta	(2) scé	sci
tr	tro	tru	tra	tré	mné	vre	vra	vri	vro
ch	cha	che	ché	chi	cho	chè	chu	cher	char
ph	pha	phi	phe	phy	phlo	phré	phal	phar	phir
gn	gna	gni	gne	gnol	gné	(3) gui	gua	gué	gue
qu	que	qui	quo	qua	qu'a	qu'u	qu'il	quel	ques

EXERCICE POUR LES CONSONNES DOUBLÉES.

abbé, accusé, affiche, mille, commode, personne, nappe, pierre, paresse, carotte, collége, appel, messe, ville, butte, commerce.

(1) La lettre *l* mouillée se prononce *i-e*, comme dans *feuille*.

(2) *sc* se prononce *s* devant *e i* : scé (*sé*), sci (*si*).

(3) *gu* se prononce souvent *gue* devant *e i*, et quelquefois devant *a*.

Nota. Les syllabes et les mots en petits caractères indiquent la prononciation ; ne les faites point lire par les Elèves.

PROCÉDÉS POUR L'EMPLOI DE CE TABLEAU.

1° Faites réciter les consonnes doublées de la première ligne comme s'il n'y n'y avait qu'une seule lettre.

2° Pour les deux lignes suivantes , exigez d'abord la prononciation distincte des deux consonnes qui se suivent : *b-l, b-r, c-l,* etc. ; puis, faites répéter tout cet exercice de plus en plus vite, jusqu'à ce que l'Elève arrive à lire : *ble, bre, cre,* etc., comme l'indiquent les syllabes qui sont imprimées en petits caractères.

3° La quatrième ligne se lit comme les syllabes des mots correspondants, où se trouvent les mêmes consonnes.

4° Pour les combinaisons de trois lettres, faites d'abord prononcer les deux premières, comme il a été indiqué, et nommer distinctement la voyelle qui suit : *b-l-e, b-l-a,* ou *bl-e, bl-a; ch-a, ph-i,* etc. ; puis , obligez l'Elève à aller de plus en plus vite, afin d'arriver seul à l'énonciation des syllabes : *ble, bla,* etc., comme dans la lecture courante.

Employez aussi le second procédé du n° 2.

Méthode de Lecture, par CHAPELLIER.— Épinal, chez Mme veuve DURAND, et en dépôt chez les principaux Libraires des Vosges.

Epinal, imprim. d'A. Cabasse, 2 , rue du Collége.

EXERCICE.

al ac ar ec el es er il or ul
bl br cl gr gl pl sp vr pr tr
ch ph gn ill qu

MOTS SÉPARÉS.

blé, pré, frè re, lè vre, flû te, gla ne, cer cle, ci dre, su cre,
ar bre, pru ne, ta ble, mar bre, vi tre, mè tre, stè re, rè gle,
crible, litre, sable, place, marché, cheval, bride, char, charge,
ligne, bûche, cruche, glace, crême, fromage, chèvre, barque,
poche, vigne, miche, friche, orgue, église, prêtre, évêque,
cloche, livre, bible, flèche, chiffre, physique, sagesse, pomme.

Michel, Prosper, Fréderic, Gabriel, Alfred, Stanislas, Clotilde.

LECTURE COURANTE.

Je désire être sage. Je récite ma prière. Notre père céleste, que
votre règne arrive. Gabriel a été à la messe. Ma mère m'a mené
à l'église. Justine va à l'office. Justine est une fille dévote. Le
prêtre est respectable. Victor dira sa prière avec piété. Prosper
a lu sur ma bible. Alfred est chéri de sa mère. Le vice dégrade.
Le vice est opposé à la vertu. La paresse est un vice détestable.
Le prodigue sera misérable. Clotilde travaille. Joséphine fera la
charité. L'avare sera méprisé. Michel a gagné une place. Elise
est une fille propre. La propreté est une qualité estimable. Michel
parle avec politesse. Gabriel a patiné sur la glace. Fréderic va
à la promenade. Michel est de ma taille. Victor achètera notre
cheval. Philippe a ciré sa botte. Stanislas va se mettre à table.
Votre frère m'a donné une prune. Appoline répète sa lecture.

PROCÉDÉS POUR L'EMPLOI DE CE TABLEAU.

1ᵒ Montrez et faites énoncer très-distinctement chaque syllabe d'un même mot, en vous assurant que l'Élève comprend bien l'assemblage des lettres qui composent cette syllabe. (Employez aussi les procédés 2, 5, 4 et 6 du 5ᵉ tableau, et la remarque du 5ᵉ.)

2ᵒ Faites lire quelques lignes en exigeant la prononciation des voyelles seules, ainsi que celle des consonnes ou articulations, afin d'accoutumer les Élèves à bien distinguer la fonction de ces éléments dans la composition des syllabes.

Remarque. Si vous êtes obligé d'aider les Élèves, ne leur lisez pas un mot couramment, mais lisez-leur en prononçant distinctement et séparément chaque syllabe, et exigez qu'ils fassent eux-mêmes comme vous leur en montrez l'exemple.

Méthode de Lecture, par CHAPELLIER. — ÉPINAL, chez Mᵐᵉ veuve DURAND, et en dépôt chez les principaux Libraires des Vosges.

Épinal, imprim. d'A. Carnel, rue du Collège.

VOYELLES COMPOSÉES.

a   e   i   o   u   é   è   ê

ai	ei	au	eu	ou	oi
è	è	ô	jeu	cou	roi

an	en	in	on	un	ien
l'an	entrer	vin	mon	un	bien

EXERCICE.

au	ei	an	on	ai	ien	un	en
in	ou	ien	oi	an	eu	on	un

COMBINAISONS.

b   c   d   f   g   h   j   l   m   n   p   q   r   s   t   v   x   z

bou	bai	veu	vou	loi	poi	tou	bon
ou	ai	eu	ou	oi	oi	ou	on
din	rai	roi	fon	bien	tien	jeu	san
cou	gan	dai	feu	mon	min	gon	tin
toi	pin	l'un	reu	san	sau	vin	mou
moi	van	nom	lui	foi	fou	son	fai
rou	neu	don	l'an	nou	zin	von	cun
tau	geu	gou	fun	seu	lou	lin	pon
dun	lai	lou	doi	mien	sien	joi	ron
soi	van	toi	lien	dou	meu	ceu	can

bleu	blan	trou	clou	gneu	phin	chan	quan
spon	brin	blon	brun	froi	pren	plan	chien
qu'on	psau	quoi	chou	choi	stan	qu'en	gueu

uin	ieu	oui	ian	ion	oin	iou	ouan
pieu	juin	loui	vian	lion	moin	plian	bien

PROCÉDÉS POUR L'EMPLOI DE CE TABLEAU.

1° Prenez alternativement les Elèves l'un après l'autre et tous ensemble ; montrez, nommez et faites prononcer chacun des sons composés, sans énoncer les lettres par lesquelles on les représente, mais simplement comme ils se lisent dans les mots en petits caractères auxquels ils correspondent. L'exercice servira à faire reconnaître ces sons dans une position relative différente de celle qu'ils occupent dans la leçon.

2° Pour les combinaisons, faites d'abord prononcer séparément les articulations et les sons ; ainsi, faites dire : *b-ou*, *b-ai* ; *bl-eu*, *bl-an*, etc., puis, après avoir parcouru de la sorte tout le tableau, recommencez en obligeant les Elèves à aller de plus en plus vite pour la prononciation de chaque syllabe, jusqu'à ce qu'ils l'énoncent comme dans la lecture courante : *bou*, *bai* ; *bleu*, *blan*, etc.

3° Pour les diphthongues des deux dernières lignes, faites lire d'abord : *u-in*, *i-eu* ; *pi-eu*, *ju-in*, etc., comme s'il y avait deux syllabes ; puis, arrivez insensiblement à faire prononcer comme dans la lecture ordinaire : *uin*, *ieu*, etc. ; *pieu*, *juin*, etc.

4° Faites parcourir toutes les combinaisons du tableau, de gauche à droite, de droite à gauche, de haut en bas, de bas en haut ; puis au hasard, sans ordre déterminé.

NOTA. Ce tableau devra être su *parfaitement* par tous les Elèves ; la connaissance des éléments qu'il renferme est d'une importance majeure pour une bonne lecture.

Méthode de Lecture, par CHAPELLIER. — ÉPINAL, chez Mme veuve DURAND, et en dépôt chez les principaux Libraires des Vosges.

Epinal, imprim. d'A. Cabasse, 2, rue du Collége.

EXERCICE.

ai ei au eu ou oi
an en in on un ien

MOTS SÉPARÉS.

lai ne, sei gle, pau vre, heu re, cou sin, poi re, voi tu re, an ge, en cre, che min, mou ton, lun di, sou tien, mu tin, le çon, foin, pointe, fraise, trente, graine, lapin, maison, voisin, gardien, montre, silence, cheveu, planche, mouche, poivre, chardon, sapin, route, boîte, chantre, cendre, neige, moineau, pinson, meuble, feuille, histoire, faîne, raisin, moulin, centime, soupe.

Justin, Simon, Eugène, Martin, André, Lucien, Henri.

LECTURE COURANTE.

Dieu a créé le monde. Le monde est l'ouvrage de Dieu. Aime Dieu et ton prochain. Honore ton père et ta mère. On protège l'orphelin. On vêtira le pauvre. Dieu sera notre juge. Mon cousin aime son frère. Mon cousin est un garçon honnête. Papa viendra demain. Lucien a bien soin de son père. On conserve le souvenir d'un bon maitre. Bastien a une bonne conduite. On loue la conduite de Bastien. Ma mère veilla sur mon berceau. J'aime notre maison. Eugène brosse son pantalon. Le visage de Léon est propre. La propreté est utile à la santé. La santé est précieuse. La bonté de Dieu est grande. Mon frère est venu avec moi. Mon frère est mon ami. Séverin dira son catéchisme. André saura bien sa leçon. Je lirai l'histoire de Napoléon. La France est notre patrie. Lorsque Justin s'éveille, il pense au bon Dieu, il se lève et récite sa prière; lorsqu'il se couche, il se recommande à Dieu, à la sainte Vierge et à son Ange gardien. Maman est contente.

PROCÉDÉS POUR L'EMPLOI DE CE TABLEAU.

1° Montrez et faites énoncer très-distinctement chaque syllabe d'un même mot, en vous assurant que l'Elève comprend bien l'assemblage des articulations et des sons qui composent cette syllabe.

2° Exercez quelquefois les Elèves à nommer à part les articulations simples ou doubles, et les sons simples ou composés dans la forme. (La décomposition mise sous les deux premières lignes de la lecture courante indique la marche à suivre.)

Faites usage des procédés 2, 3, 4 et 6 du 3ᵉ tableau, et de la remarque du 5ᵉ.

NOTA. L'étude de ce tableau est très-importante; on devra s'y arrêter jusqu'à ce qu'il soit su parfaitement.

Méthode de Lecture, par CHAPELLIER.— Épinal, chez Mᵐᵉ veuve DURAND, et en dépôt chez les principaux Libraires des Vosges.

Résumé des connaissances acquises.

ALPHABET.

a b c d e f g h i j k l m n o p q
r s t u v x y z.

COMBINAISONS SOUVENT EMPLOYÉES.

la	le	li	lu	ca	ro	ra	rc	ri	bo	ba	so
al	el	il	ul	ac	or	ar	er	ir	ob	ab	os
bl	cr	dr	fl	fr	cl	gr	pr	pl	vr	st	br
	ch	gn	qu	ph	ill.						

VOYELLES COMPOSÉES.

ai ei au eu ou oi an in on un

SONS SEMBLABLES.

(au) eau — (eu) œu — (an) am en em — (in) im
l'eau   vœu   lampe   entrer   empereur   impoli

yn ym ain aim ein — (on) om — (un) um eun
syntaxe   symbole   main   faim   peindre   ombre   humble   jeun

COMBINAISONS.

bal	ter	par	sur	tel	dur	l'il	ver	bel
blé	bra	cri	dre	fli	gra	ble	pri	vre
cha	che	gue	gné	pha	cho	qui	que	ille
beau	vue	loi	jeu	foi	feu	dieu	lui	toi
bon	bien	pain	mon	foin	main	non	sien	l'an

AUTRES COMBINAISONS.

spl	scr	spr	str	sph	phl	phr	scl	svel
splendeur	scrutin	esprit	stras	sphère	phlogistique	phrase	sclarée	svelte
eur	our	eul	uir	œur	œuf	euil	aug	eil
leur	cour	seul	fuir	cœur	œuf	fauteuil	augmenté	vermeil

APPLICATIONS.

tour, fourche, cultivateur, semeur, devoir, sphère, sœur, séjour, moniteur, l'air, savoir, bœuf, splendeur, phrase, seuil, soleil.

PROCÉDÉS POUR L'EMPLOI DE CE TABLEAU.

1° Employez, antant qu'il sera encore nécessaire, les divers procédés indiqués aux tableaux dont les exercices ci-dessus sont la récapitulation.

Appliquez vos Elèves à bien distinguer les sons semblables, surtout ceux dans lesquels la première lettre ne se prononce pas, et faites-leur comprendre les combinaisons qui les renferment.

Faites énoncer ce qui suit d'abord : *s-p-l*, *s-c-r*, etc., pour arriver insensiblement à la vraie prononciation : *spl*, *scr*, etc., comme elle a lieu d'ailleurs dans les syllabes correspondantes des mots en petits caractères.

Méthode de Lecture, par CHAPELLIER. — Épinal, chez Mᵐᵉ veuve DURAND, et en dépôt chez les principaux Libraires des Vosges.

Épinal, imprim. d'A. Cabasse, 2, rue du Collège.

EXERCICE.

ai　au　eu　ou　an　in　on　un

ei　eau　œu　oi　am　im　om　um

MOTS SÉPARÉS.

(1) hiver, herbe, homme, heure, histoire. (2) honte, hibou, hameau, hotte, halte. (3) maïs, faïence, païen, ciguë, Noël. (4) hoyau, crayon, noyau, paysan, moyen. (5) poirier, prunier, diner, souper, boucher. (6) action, gentiane, nation, patience. (7) chœur, chrétien, archange. (8) Jérusalem, Béthléem. (9) indemnité, solennité, femme. (10) immortel, immeuble, innovation, hymne. (11) géranium, album, *Te Deum*.

LECTURE COURANTE.

L'honneur est une richesse supérieure à toute autre. La vie de l'homme est courte. Le menteur se couvrira de honte.

Dieu donna sa loi sur le Sinaï. Héloïse haïra le mensonge. On aime le jeune garçon naïf. Papa a semé du maïs.

Le royaume du ciel est pour le juste. Le voyageur est fatigué.

Aimez à pratiquer le bien. Travaillez, afin de devenir bon ouvrier. Assistez votre vieux père. Mon vieil ami est cordonnier.

L'éducation forme le cœur. L'ambition est une passion funeste.

La mort est l'écho de la vie. Le chrétien est un disciple du Christ.

Le pèlerin aime à visiter Jérusalem et Béthléem.

La fête de Noël est solennelle. La femme est la compagne de l'homme.

L'âme de l'homme est immortelle. La croyance en Dieu est innée.

Le ciel est immense. On a chanté une hymne pieuse à Marie.

Le géranium donne une belle fleur.

REMARQUES SUR LA PRONONCIATION.

(1) L'*h* muette se prononce *e*. (2) L'*h* aspirée se prononce du gosier : *hêtre.* (3) La voyelle surmontée d'un tréma : *ï*, commence la syllabe. (4) La lettre *y* s'emploie pour deux *i* après une voyelle. (5) La lettre *e*, suivie de *r* final ou de *z*, se prononce *é*. (6) La lettre *t* devant *i* se prononce souvent *s*, lorsqu'elle s'unit à une diphthongue. (7) *ch* se prononce quelquefois *k*. (8) *em* se prononce *ème* dans quelques mots. (9) *em*, *en* se prononcent aussi quelquefois *a*. (10) *im*, *in*, *ym* suivis de *m* ou de *n*, se prononcent *ine*, *ime* dans quelques mots. (11) *um* se prononce *ome* à la fin des mots tirés du latin.

NOTA. Pour que l'Élève retienne la prononciation des syllabes qui sont l'objet des remarques, on devra s'arrêter sur chacune de ces syllabes et faire répéter plusieurs fois de suite les mots qui les renferment. — Employez les procédés 2, 3, 4 et 6 du 3ᵉ tableau.

Méthode de Lecture, par CHAPELLIER.— ÉPINAL, chez Mᵐᵉ veuve DURAND, et en dépôt chez les principaux Libraires des Vosges.

Épinal, imprim. d'A. CABASSE, 2, rue du Collège.

EXERCICE.

ai   au   eu   ou   oi   an   in   on
aul   eur   our   oir   eul   aug   ail   eil

MOTS SÉPARÉS.

[1] mot, riz, rat, bois, bras, pied, croix, soldat, chat, poids, pot, point, plat, nid, pieux, vingt, forêt, doigt, secours, bord, lait, saint, loup, bois, fruit, salut, progrès, enfant, corps, voix, prix.

LECTURE COURANTE.

L'enfant qui remplit bien [2] ses devoirs est estimé de son maître. Ecoutez et suivez les sages conseils. Une mère disait : mes enfants sont mes trésors. Choisis bien tes amis. Respecte les cheveux blancs des vieillards. Des grottes, des étangs, un troupeau, des vallons, des forêts : voilà les trésors de l'homme des champs.

Les bons élèves [3] aiment le travail. Les enfants honnêtes respectent les étrangers; ils n'insultent jamais personne. Les ouvriers laborieux se créent toujours une bonne réputation. Les paresseux se rendent méprisables. Les heures passent vite dans l'atelier du bon ouvrier; elles pèsent lourdement sur la tête du paresseux. Les travaux de la campagne donnent de la vigueur et une bonne santé à ceux qui s'y occupent. Ne fais rien de honteux en présence des autres, ni dans le secret, car Dieu et ton Ange gardien te voient toujours. Souviens-toi que tous les hommes doivent mourir et rendre à Dieu un compte rigoureux de leur conduite. Ceux qui craignent Dieu recherchent ce qui lui est agréable, et ceux qui l'aiment craignent de l'offenser. Les enfants sages obéissent.

SUITE DES REMARQUES SUR LA PRONONCIATION.

(1) Bien des consonnes finales ne se prononcent pas.—(2) *es* se prononce *é* dans les monosyllabes : *les, mes, tes, ses, des.*—(3) Les consonnes finales *nt* précédées d'un *e* muet ne se prononcent pas dans les mots devant lesquels on peut mettre : *ils, elles.* — Faites remarquer aux Elèves les lettres qui ne se prononcent pas.

PROCÉDÉS POUR L'EMPLOI DE CE TABLEAU.

Quand un mot qui commence par une voyelle est précédé d'un autre finissant par une consonne, si le sens n'admet aucune pause entre ces deux mots, on prononce la première syllabe du second comme si elle commençait par la consonne finale du premier.

Appliquez aussi la remarque du n° 5, concernant l'élision de l'*e* muet final, ainsi que les procédés 2, 4 et 6 du n° 3.

Faites disparaître insensiblement le léger repos entre les syllabes d'un même mot, afin d'arriver en peu de temps à une bonne lecture courante.

Méthode de Lecture, par CHAPELLIER. — Épinal, chez Mᵐᵉ veuve DURAND, et en dépôt chez les principaux Libraires des Vosges.

Epinal, imprim. d'A. Cabasse, 3, rue du Collège.

EXERCICE.

ai ei au eu ou an in on un

MAXIMES EXTRAITES DES LIVRES DE LA SAGESSE.

Mes enfants, cherchez avec soin la sagesse, et demandez-la à Dieu de tout votre cœur.

La sagesse est plus précieuse que toutes les richesses, et tout ce qu'on peut désirer ne mérite pas de lui être comparé.

C'est le Seigneur qui donne la sagesse; c'est de lui que viennent la prudence et la science. Il réserve le salut comme un trésor pour ceux qui ont le cœur droit, et il protège ceux qui marchent dans la simplicité.

Il n'y a point de sagesse, point de prudence contre le Seigneur.

Celui qui fréquente les sages sera sage lui-même; l'ami des méchants deviendra semblable à eux.

Le bonheur de l'homme est dans les mains de Dieu, qui met sur ceux qui le craignent les marques d'honneur qui lui appartiennent.

L'homme sage veille dès le point du jour pour s'attacher au Seigneur, et dès l'aurore, il offre ses prières au Très-Haut.

La crainte du Seigneur est le commencement de la sagesse.

Celui qui craint le Seigneur en sera béni, et il se trouvera heureux à la fin de sa vie.

La bénédiction du Seigneur fait les hommes riches : l'affliction ne se trouvera point avec eux.

La crainte de Dieu chasse le péché; celui qui ne l'a point ne pourra devenir juste.

Peu avec la grâce et la crainte de Dieu, vaut mieux que de grands biens avec l'iniquité.

La crainte du Seigneur est la gloire des riches, des personnes en honneur et des pauvres.

PROCÉDÉS POUR L'EMPLOI DE CE TABLEAU.

Continuez, au besoin, à exiger un léger repos entre chacune des syllabes d'un même mot, et ne laissez lire couramment les tableaux 13, 14, 15 et 16 que lorsque les Elèves les auront parcourus assez de fois pour être sûrs de la prompte énonciation de toutes les syllabes.

Supplément à la Méthode de Lecture, par CHAPELLIER.— Épinal, chez Mᵐᵉ veuve DURAND, et en dépôt chez les principaux Libraires des Vosges.

Épinal, imprim. d'A. Cabasse, 8, rue du Collège.

EXERCICE.

ai   ei   au   eu   ou   oi   an   en   in

SUITE DES MAXIMES.

Écoutez, enfants, les avis de votre père, et suivez-les, afin que vous soyez sauvés.

Honorez de tout votre cœur votre père et votre mère, et n'oubliez point les bienfaits que vous tenez d'eux.

Honorez votre père et votre mère par vos actions, par vos paroles et par une patience sans bornes, afin qu'ils vous bénissent et que leur bénédiction demeure sur vous jusqu'à la fin.

Le fils qui honore son père trouvera sa joie dans ses enfants, et il sera exaucé au jour de sa prière.

Celui qui honore sa mère est comme un homme qui amasse un trésor.

Celui qui profite des avis et des corrections est dans la bonne voie; mais celui qui néglige la réprimande s'égare.

L'insensé se moque de la correction de son père; l'enfant qui se rend au châtiment deviendra plus sage.

Mon fils, soulagez votre père dans sa vieillesse et ne l'attristez point durant sa vie.

Celui qui abandonne son père est un infâme, et celui qui aigrit l'esprit de sa mère est maudit de Dieu.

Celui qui dérobe à son père et à sa mère montre qu'il n'éprouverait aucune peine de les voir mourir.

La bénédiction du père affermit la maison des enfants; la malédiction de la mère la détruit jusqu'aux fondements.

Le fils mal instruit est la honte de son père. La fille immodeste sera méprisée.

Jeune homme, écoutez avec douceur ce qu'on vous dit, afin de pouvoir y répondre avec intelligence et sagesse.

Si vous connaissez un homme respectable, allez le trouver dès le point du jour, et que votre pied presse souvent le seuil de sa porte.

Supplément à la Méthode de Lecture, par CHAPELLIER.— Épinal, chez Mᵐᵉ veuve DURAND, et en dépôt chez les principaux Libraires des Vosges.

Épinal, imprim. d'A. Cabasse, 2, rue du Collége.

EXERCICE.

ai eu au ei oi en ou in an on un ien

SUITE DES MAXIMES.

Mon fils, éprouvez votre âme pendant votre vie, et si vous trouvez qu'une chose lui soit mauvaise, ne la lui accordez pas.

Pensez dans toutes vos actions à votre dernière fin, et vous ne pécherez point.

Si les méchants veulent vous attirer par leurs caresses, ne vous y laissez point aller ; craignez de tomber dans leurs piéges ; marchez dans la bonne voie, et ne quittez point les sentiers du juste.

N'imitez point celui qui est injuste, car le Seigneur a en abomination tout homme de mauvaise foi.

Il frappera d'indigence la maison de l'impie, mais il bénira la maison des justes.

Soyez également juste envers les petits et envers les grands.

La mémoire du juste sera accompagnée de louanges, mais le nom de l'impie pourrira.

Consultez votre propre conscience si votre cœur est droit, car alors vous n'aurez point de plus fidèle conseiller.

Ayez la crainte de Dieu devant les yeux et ne vous mettez point en colère contre votre prochain.

Évitez les disputes, et vous couperez la racine à bien des péchés.

Pardonnez le mal qu'on vous a fait, et vos péchés vous seront remis quand vous en demanderez pardon.

La sagesse d'un homme se reconnait par sa patience ; il lui est glorieux de n'avoir point de ressentiment de l'injure qu'on lui a faite.

Humiliez-vous en toutes choses, et vous trouverez grâce devant Dieu ; car lui seul est grand et puissant, et il n'est honoré que par les humbles.

Qu'un autre vous loue, et non votre propre bouche ; que ce soient des étrangers, et non vos propres lèvres qui publient ce qu'il y a de bon en vous.

Bannissez de votre cœur les mauvaises inspirations, car les plaisirs mondains ne sont que vanité.

Il y a une parole qui est une parole de mort : c'est le blasphême contre Dieu ; que cette parole ne se trouve jamais dans votre bouche. La bouche qui blasphême est un soupirail de l'enfer.

Ne soyez point sans crainte de l'offense qui vous a été remise, et n'ajoutez point péchés sur péchés ; car Dieu est quelquefois lent à punir les crimes, mais il les punira avec d'autant plus de rigueur qu'il les aura plus longtemps supportés.

Trois choses plaisent à Dieu et aux hommes, et en sont approuvées : l'union des frères, l'amour du prochain, la concorde du ménage.

Aimez votre prochain et soyez-lui fidèle dans l'union que vous avez avec lui.

L'ami fidèle est une forte protection : celui qui l'a trouvé possède un trésor.

L'homme qui craint le Seigneur sera heureux en amis, car ses amis lui seront semblables ; il les choisira tels qu'il est lui-même.

Ne vous éloignez pas de ceux qui sont dans la tristesse ; gémissez avec ceux qui pleurent.

Mon fils, ne privez pas le pauvre de son aumône et ne détournez pas vos yeux de lui ; lorsqu'il implore votre assistance, répondez-lui favorablement et avec douceur.

Celui qui donne aux pauvres n'aura besoin de rien ; mais celui qui les méprise lorsqu'ils le prient, tombera lui-même dans l'indigence.

Celui qui donne aux pauvres prête au Seigneur.

Ayez pitié des orphelins, ne les abandonnez point, vous serez à l'égard du Très-Haut comme un fils obéissant, et il aura compassion de vous.

La libéralité est agréable à tous : exercez-la donc envers les vivants, et qu'elle s'étende aussi sur les âmes de ceux qui ne sont plus.

L'expérience consommée est la couronne des vieillards, et la crainte de Dieu est leur gloire.

Supplément à la Méthode de Lecture, par CHAPELLIER.— Épinal, chez Mᵐᵉ veuve DURAND, et en dépôt chez les principaux Libraires des Vosges.

Épinal, imprim. d'A. Cabasse, 2, rue du Collège.

EXERCICE.

ai   ou   ei   au   oi   in   an   on   en   un   eu   ien

SUITE DES MAXIMES.

Les biens et les maux, la vie et la mort, la pauvreté et les richesses viennent de Dieu.

Il n'y a point de richesses plus grandes que la santé du corps, ni de plaisir égal à la joie que donne la paix du cœur et que procure le repos d'une bonne conscience.

Les richesses sont bonnes à celui dont la conscience est pure ; la pauvreté est très-mauvaise au méchant qui a le murmure dans la bouche.

Le pauvre qui se suffit à lui-même, et qui sait trouver par son travail de quoi subsister, vaut mieux qu'un homme glorieux qui n'a point de pain, et qui se croirait déshonoré s'il travaillait pour en gagner.

La vie de celui qui se contente de ce qu'il gagne par son travail, sera remplie de douceur ; il possède un trésor que personne ne peut lui ravir.

Ne fuyez point les ouvrages laborieux, ni le travail de la campagne, qui a été institué par le Très-Haut.

Celui qui laboure sa terre sera rassasié ; mais celui qui aime à ne rien faire tombera dans l'indigence.

Celui qui amasse pendant la moisson est sage ; mais celui qui dort pendant l'été sera misérable.

Le bien amassé à la hâte diminuera ; le bien qui se recueille à la main, et peu à peu, se multipliera.

Si vous devenez laborieux, votre maison sera comme une source abondante, et l'indigence fuira loin de vous.

Où l'on travaille beaucoup, là est l'abondance ; mais où l'on parle beaucoup, l'indigence se trouve souvent.

Celui qui craint le travail est frère de celui qui dissipe ; il tombera comme lui dans une extrême pauvreté.

Paresseux, allez à la fourmi, considérez sa conduite et apprenez d'elle à être sage ; elle a soin de faire sa provision durant l'été et d'amasser pendant la moisson de quoi se nourrir.

Le paresseux est comme lapidé avec de la boue ; tous parleront de lui pour le mépriser. Tous ceux qui le toucheront secoueront leurs mains, comme s'ils avaient touché quelque chose de souillé.

Le trompeur ne jouira point du gain qu'il cherche ; mais les richesses de l'homme juste lui seront conservées.

L'homme vertueux laisse héritiers de ses biens ses fils et ses petits-fils ; mais le bien du pécheur ne passera point à sa famille.

Celui qui cache le blé dans le temps de la famine sera maudit des peuples ; mais la bénédiction viendra sur ceux qui le vendent.

N'enviez point la gloire ni les richesses du pécheur, car vous ne savez quelle en sera la fin.

Prêtez à votre prochain au temps de la nécessité ; mais aussi rendez-lui vous-même, au temps marqué, ce qu'il vous aurait prêté.

Ne traitez pas mal le serviteur qui travaille fidèlement, ni le mercenaire qui se dévoue entièrement à votre service.

Celui qui se réjouit de la ruine des autres n'évitera point le châtiment.

Double poids et double mesure sont des choses abominables devant Dieu.

Ne donnez point à un autre le bien que vous possédez, de peur que vous ne vous en repentiez et que vous ne soyez réduit à lui demander avec prière. Tant que vous vivrez et que vous respirerez, que personne ne vous fasse changer sur ce point, car il vaut mieux que ce soient vos enfants qui vous prient, que d'être réduit à attendre ce qui vous viendra d'eux.

Ayez soin de vous faire une bonne réputation : c'est un bien plus solide que les plus grands trésors.

Nota. Les tableaux destinés à recevoir les feuilles de cette Méthode sont, pour l'Ecole mutuelle d'Epinal, des planchettes de sapin avec de simples bordures en hêtre, de 45 millimètres de largeur. Ces tableaux ont de 49 à 50 centimètres de hauteur, sur 36 de largeur. Des pitons, vissés sur le milieu de la bordure supérieure, servent à les suspendre aux tringles.

Supplément à la Méthode de Lecture, par CHAPELLIER.— Épinal, chez Mᵐᵉ veuve DURAND, et en dépôt chez les principaux Libraires des Vosges.

Épinal, imprim. d'A. Cabasse, 2, rue du Collège.

9 782019 654917